Ich gehe in die 1. Klasse

Ein Buch zum Schulanfang

Fotos: Mechthild Op Gen Oorth
Text: Gisela Fischer

PESTALOZZI-VERLAG, D 8520 ERLANGEN

Du möchtest wissen, wie es ist, wenn man in die Schule kommt und was man in der 1. Klasse macht? Ich kann es dir erzählen, denn ich bin jetzt am Ende des ersten Schuljahres. – Kurz vor meinem sechsten Geburtstag schaffte ich es, mit der Hand über den Kopf hinweg mein Ohr zu fassen. Ich war schulreif!

Mein kleiner Bruder konnte es noch nicht, wie du siehst.
Zum Geburtstag wünschte ich mir damals einen Schulranzen. Ich bekam ihn und probierte ihn sofort auf. Er stand mir ausgezeichnet. Am liebsten hätte ich ihn mit ins Bett genommen! Von da an konnte ich den Schulanfang kaum noch erwarten.

Und dann war der ersehnte erste Schultag da.
Neben mir am Frühstückstisch stand nicht nur der Ranzen, sondern auch eine wunderschöne, große und schwere Schultüte. Ich war schrecklich neugierig, was da wohl alles drin war. Doch leider durfte ich erst in der Schule hineinsehen.

Endlich war es soweit: Ich schnallte meinen Ranzen auf den Rücken und machte mich auf den Schulweg. In den Tagen zuvor waren ihn meine Eltern mit mir zur Probe gegangen. Meine Mutter begleitete mich am ersten Schultag in die Schule und trug die schwere Schultüte.

In der Schule gab es lange Gänge mit furchtbar vielen Türen. Doch ein Pfeil wies uns den Weg zum richtigen Klassenzimmer, zu meinem Klassenzimmer.
Dort saßen schon ein paar Kinder auf kleinen Stühlen. Neben einem Mädchen, das ich vom Kindergarten her kannte, war noch ein Platz frei. Dort setzte ich mich hin. Die Lehrerin begrüßte uns Kinder und auch die Eltern. Doch dann mußten die Eltern das Klassenzimmer verlassen. Mein erster Schultag begann.

Jedes Kind nannte der Lehrerin zunächst seinen Namen und bekam von ihr ein Bildkärtchen, auf dem der Name stand.

Dann durften wir alle in unsere Schultüte hineinsehen und uns etwas Leckeres herausholen.
Die Lehrerin sagte uns, was wir in der ersten Klasse alles lernen würden, und gab jedem eine Liste mit nach Hause. Darauf waren die Dinge aufgezählt, die wir im ersten Halbjahr brauchten. Einige davon siehst du hier.

Zum Schluß aber erzählte uns die Lehrerin eine lustige Geschichte. Zu dieser sollte jedes Kind zu Hause ein schönes Bild malen. Das also war meine erste Hausaufgabe!
Vor dem Nachhausegehen bekam jedes Mädchen ein gelbes Kopftuch und jeder Junge eine gelbe Mütze geschenkt.

Kopftuch, Mütze und überhaupt helle Kleidung sollten wir immer auf dem Schulweg tragen. Die Autofahrer sollten uns so besser sehen und vorsichtig fahren.

Ich ging nun jeden Morgen in die Schule. Erst dauerte es ziemlich lange, bis ich mein Klassenzimmer gefunden hatte. Doch dann ging es immer schneller. Allmählich lernte ich auch die Kinder meiner Klasse kennen. Und bald fühlte ich mich in der Schule richtig zu Hause.

In der Nähe der Schule stand ein Schülerlotsenschild.
Nicht weit davon hielt ein Schülerlotse jeden Morgen für mich die Autos an, damit ich die Straße überqueren konnte.
Oft blieb ich eine Zeitlang stehen und sah ihm zu. Ich fand es großartig, wie er die Kelle schwang und sich quer vor die abbremsenden Autos stellte.
Später will ich auch einmal Schülerlotse werden.

In den ersten Wochen malte ich in der Schule viele große, bunte Kreise, Schnecken und andere geschwungene Formen.

Als ich das gut konnte, durfte ich im Schreiblernheft vorgezeichnete Schwünge mit dem Wachsstift nachfahren und dann auf der nächsten Seite ohne Vorlage üben. Was wir sonst noch in der Schule machten? Nun, die Lehrerin sprach mit uns über Pflanzen, die erst blühen und später Früchte tragen. Und wir taten dann alle, als klaubten wir Äpfel auf. Oder sie sprach mit uns über Vögel, und dann spielten wir „Alle Vögel fliegen hoch!" Ja, die Schule gefiel mir wirklich gut!

Jeden Tag las die Lehrerin mit uns in der Schulfibel. Auf den ersten Buchseiten waren nicht sehr viele Wörter. Außerdem waren sie sehr groß geschrieben. Trotzdem war ich sehr stolz, als ich meiner Mutter zum ersten Mal etwas vorlesen konnte.

Ich lernte auch einzelne Buchstaben kennen und mußte Wörter suchen, in denen sie vorkamen. Es dauerte gar nicht lange, da konnte ich in meiner Schulfibel schon richtige kleine Geschichten lesen.

Manchmal malten und schrieben wir auch etwas auf die große Schultafel.

Wenn dann plötzlich die Schulglocke schrillte, wußten wir, es ist Pause.
Ich konnte mir in der Schule Milch, Kakao oder Saft kaufen. Bei Regenwetter durften wir im Klassenzimmer frühstücken. Doch viel schöner war es, wenn wir auf den Pausenhof konnten. Da spielten wir Fangen oder machten Hüpfspiel oder Gummitwist. Die Jungen spielten meistens Fußball mit einer leeren Milch- oder Kakaopackung.

In der Mathematikstunde sortierten wir bunte Kunststoffplättchen nach Farben, Formen und Größe.

Es gab große und kleine Kreise, Quadrate und Dreiecke in den Farben Rot, Blau, Gelb und Grün.

Doch stell dir vor, eines Tages kam ein echter Polizist in meine Klasse! Er sprach mit uns über Fußgängerampeln, Zebrastreifen und die wichtigsten Verkehrsschilder. Kennst du wohl das Schild, bei dem ein Fußgänger auf dem Zebrastreifen

läuft, und weißt du, was es bedeutet?

Zum Schluß malte der Polizist eine große Kreuzung an die Tafel und übte mit uns, wie man sie gut überquert, wenn keine Ampel da ist.

Nach diesem Verkehrsunterricht war ich auf dem Schulweg besonders aufmerksam. Und dabei machte ich eine traurige Entdeckung: Erwachsene sind sehr ungeduldig. Sie überqueren die Straße oft bei Rot!

Wenn die Schule aus war, stellten wir uns im Klassenzimmer nebeneinander auf und verließen in Zweierreihen das Schulgebäude. Die Lehrerin sagte, so würden wir weniger Lärm in den Gängen machen.

Draußen stoben wir dann nur so auseinander, und jeder begab sich hüpfend, rennend oder trödelnd auf den Heimweg.

Ach ja, das Trödeln!
Wenn ich morgens zur Schule ging, hatte ich dazu nie Zeit, denn ich wollte auf keinen Fall zu spät kommen.
Für den Heimweg aber durfte ich mir zehn Minuten mehr Zeit lassen. Das hatte ich mit meiner Mutter verabredet. So konnte ich im Winter schon einmal bei einer Schneeballschlacht mitmachen. Manchmal kam auch gerade die Müllabfuhr, und ich sah zu, wie die Männer die großen Tonnen gekonnt vor sich her rollten. Einmal war sogar ein Verkehrsunfall passiert. Das war so spannend, daß ich tüchtig rennen mußte, um nicht zu spät heimzukommen.

Als ich sechs Jahre alt war, fielen mir zuerst die unteren und dann die oberen Schneidezähne aus.
Meiner Mutter grauste es immer, wenn ich so einen Wackelzahn mit der Zunge oder dem Finger hin und her bewegte.
Aber spaßig war es, als der erste obere Schneidezahn fehlte. Da konnte ich nämlich durch die Lücke pfeifen, herrlich laut, wie die großen Jungen meiner Schule.
Schön war ich ja gerade nicht mit meinen Zahnlücken. Doch die anderen Kinder meiner Klasse lachten die Lehrerin ebenso zahnlos an wie ich. Das tröstete mich.

Nach dem Mittagessen setzte ich mich immer an die Hausaufgaben. Wir notierten sie in der Schule in einem Heft. Und weil wir anfangs noch nicht richtig schreiben konnten, benutzten wir Abkürzungen. LB hieß Lesebuch, RB Rechenbuch, und so hatten wir für alles ein kurzes Zeichen.

Rechnen und auf der Tafel oder im Heft schreiben konnte ich allein. Doch beim Lesen mußte meine Mutter mir zuhören – und manchmal auch ein wenig helfen.

Wenn dann der Schulranzen gepackt war, blieb mir noch viel Zeit zum Spielen und Basteln.

Eines Tages überraschte uns die Lehrerin: Wir bekamen einen Stundenplan und hatten nun viele Unterrichtsfächer. Zu Deutsch, also Lesen und Schreiben, und Rechnen kamen Musik, Religion, Zeichnen, Heimat- und Sachkunde, Turnen und Handarbeit hinzu. Viele Fächer, meinst du nicht auch?

Was Heimat- und Sachkunde ist, möchtest du wissen? Nun, da erzählte uns die Lehrerin zum Beispiel über Pflanzen und Tiere und über die verschiedenen Jahreszeiten. Wir erfuhren, warum sich die Blätter im Herbst bunt färben und welche Tiere Winterschlaf halten. Das war spannend!

Als wir in Handarbeit Häkeln lernten, stöhnten die Jungen aus meiner Klasse. Doch meistens machten wir Bastelarbeiten. Wir klebten zum Beispiel Bilder aus Stoffresten oder fertigen Schmuck für den Weihnachtsbaum oder den Osterstrauß an.

Mein Lieblingsfach war Turnen. Da kletterten wir die hohen Stangen hinauf und rutschten quietschend wieder hinunter. Wir turnten auf dikken Matten oder machten Spiele.

An einem schönen Sommertag machten wir einen Schulausflug. Da trugen wir einmal keinen Ranzen auf dem Rücken sondern einen Rucksack. Von der Schule aus wanderten wir los. Unsere Lehrerin hatte ständig Angst, einen von uns zu verlieren. Immer wieder zählte sie, ob noch alle da wären.

Vom Wandern bekamen wir bald großen Hunger! Wir holten also unsere Brote aus dem Rucksack und machten Rast.

Unser Wanderziel war ein Bauernhof. Dort durften wir alle Tiere anschauen und sogar streicheln.
Ist das nicht ein süßes, schwarzes Kälbchen?

Jetzt bin ich mit der 1. Klasse fast fertig und freue mich auf die 2. Klasse und – die Ferien! Manchmal staune ich, daß ich wahrhaftig all das gelernt habe, was die Lehrerin uns in der ersten Schulstunde gesagt hatte.

Ich kann nun rechnen bis zwanzig, ich kann schreiben, und ich kann sogar meinem Bruder aus der Zeitung vorlesen.
Du wirst sehen, all das kannst du am Ende des ersten Schuljahres auch.